Pájaro de ciudad y pájaro de campo

por Rozanne Lanczak Williams
ilustrado por Mike Rangner

Orlando   Boston   Dallas   Chicago   San Diego

Visita *The Learning Site*
www.harcourtschool.com

Ésta es Prímula. Vive en un nido muy cómodo en un árbol.

En este árbol tiene Prímula su nido. El árbol está en el campo.

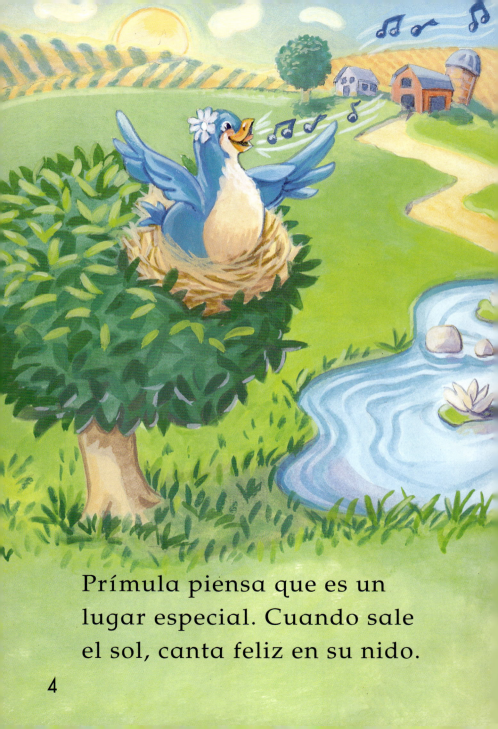

Prímula piensa que es un lugar especial. Cuando sale el sol, canta feliz en su nido.

Aprovecha el cobijo del árbol para leer sus libros. Hay días que va a nadar en el lago.

Ésta es Princesa. Vive en una casa muy cómoda al final de la calle.

Esta calle, donde vive Princesa, está en una ciudad muy grande.

—Voy a visitar a Princesa —dijo Prímula un día—. El mapa explica cómo llegar a la ciudad.

Prímula voló muy deprisa y llegó muy pronto a casa de su amiga.

Princesa preparó muchos pasteles. Fue una visita muy divertida. Jugaron todo el día.

—Mi ciudad es la mejor del mundo, ¿no te parece? —preguntó Princesa.
—¡No! —contestó Prímula—. El campo es el mejor lugar del mundo.

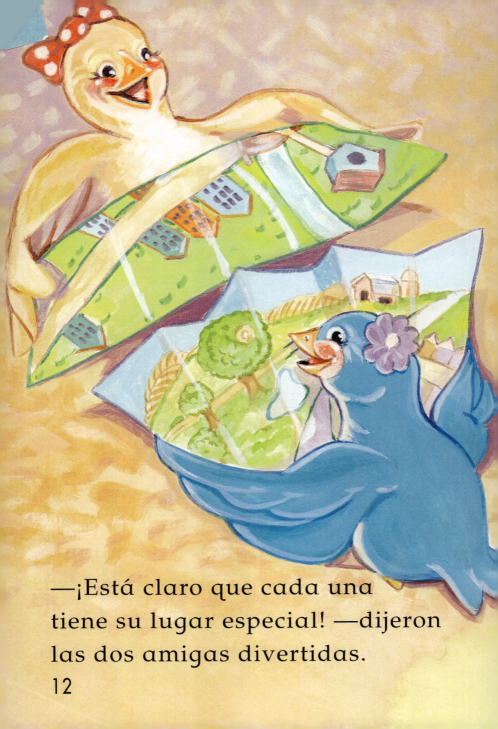

—¡Está claro que cada una tiene su lugar especial! —dijeron las dos amigas divertidas.